LETTRE

D'UN

ANCIEN SÉNATEUR

A Timon.

Imprimerie Lange Lévy et Comp., rue du *Croissant*, 16.

LETTRE
D'UN
ANCIEN SÉNATEUR
A TIMON.

La Presse et le Parlement.

> Pamphlet, ma bonne et forte lame que j'ai toujours pendue à ma gauche, je ne te quitterai pas pour aller combattre à la tribune avec un sabre de bois.
> (CORMENIN).

PARIS,
PAGNERRE, ÉDITEUR,
RUE DE SEINE, 14 BIS,
Et au bureau du *Journal du Peuple*,
rue Joquelet, 9.

1838.

De toutes les illusions où s'égare l'homme assez mal inspiré pour prendre au sérieux notre politique représentative, la plus décevante, sans contredit, est celle qui fait croire à la chambre qu'elle soit, dans le système actuel, une puissance indépendante, et à un député, qu'il soit une fraction de puissance. Comme il est toutefois peu de gens au Palais-Bourbon qui voulussent être désabusés, c'est vous, Timon, que je choisis pour confident de mes pensées, vous, l'homme extra-parlementaire au sein du parlement, vous qui valez plus par ce que vous êtes que par ce qu'on vous a fait, vous qui donnez à ceux qui vous ont élu, et à ceux qui vous environnent, plus de gloire que vous n'en recevez.

Autrefois les gouvernemens étaient destinés, par la nature de leur institution, à réprimer les erreurs de la volonté des peuples ; aujourd'hui les peuples en savent assez pour réprimer, à leur tour, les erreurs de la volonté des gouvernemens. Il a donc fallu que le gouvernement consentît à une abdication partielle, et confiât au peuple ce qu'il y avait de plus intellectuel dans le pouvoir, c'est-à-dire le domaine législatif, ne se réservant que les fonctions matérielles, c'est-à-dire le domaine exécutif.

Cette transaction des peuples et des gouvernemens fut la sanction publique du droit politique moderne ; ce droit n'est autre chose que le principe représentatif.

Cependant, de la part des gouvernemens, la concession était faite à regret. Aussi fut-elle incomplète. Je ne parle pas des articles à double sens, des réserves ingénieuses qui ouvrent toujours une voie à la fraude. Lisez les chartes, Timon, et vous y reconnaîtrez le style d'agens d'affaires plutôt que de législateurs. Mais ce n'est là que le moindre vice. Ce qu'il y eut de plus habile dans la perfidie, c'est que par les restrictions apportées à la représentation, le système nouveau était attaqué dans son essence. On rendait hommage au droit, et on le mutilait; on reconnaissait la souveraineté du peuple, et on appelait peuple quelques privilégiés, en si petit nombre, qu'ils devaient nécessairement devenir soit les complices, soit les esclaves du gouvernement. Le principe représentatif était proclamé, et l'immense majorité de la nation restait en dehors du principe, soumise au même arbitraire qu'auparavant, avec quelques tyrans de plus, dont la mission menteuse ne représentait qu'eux-mêmes. C'est ce qu'avaient prévu les habiles, et ils s'applaudissaient de leur habileté; mais ce qu'ils n'avaient pas prévu, c'est qu'un principe a toujours ses conséquences, un droit toujours sa logique.

A côté de la représentation illusoire créée par la charte, se constitua spontanément une représentation vraie en dehors de la Charte. La base du système électoral était, d'un côté l'exclusion, et de l'autre la préférence; les exclus sont entrés en guerre avec les préférés ; eux aussi choisirent leurs mandataires; ces mandataires, qui représentaient tous les intérêts méconnus, oubliés, dédaignés ou trahis, furent les écrivains de la presse.

La presse, voilà aujourd'hui la véritable tribune nationale. Les hommes de la presse, voilà les véritables représentans du pays. Que ce soit un fait accepté avec joie ou avec répugnance, ce n'en est pas moins un fait.

Que ce soit un bien, on peut le nier; mais que ce soit un correctif du mal, c'est un point incontestable.

Cependant la représentation légale, qui se disait la seule légitime, ne vit pas sans effroi se dresser en face d'elle cette puissance rivale, qui avait grandi dans le combat, et que chaque jour, chaque lutte fortifiait; car il en est de la presse comme de toutes les institutions solides et durables. Elle n'a pas été créée par le texte matériel d'un contrat, par la lettre inerte d'une loi écrite. Elle s'est faite elle-même; elle s'est développée par les circonstances; elle est apparue pour venger l'injustice et rétablir l'équilibre des droits; et l'on ne s'est aperçu de sa force que lorsqu'il n'était plus temps de lui résister. La presse fut le droit divin des peuples. N'allez pas, en effet, vous imaginer, Timon, que la presse soit née de la charte parce qu'elle a été sanctionnée le même jour. Non; la presse fut une nécessité sociale comme la charte, plus même que la charte; car elle pouvait exister sans la charte; la charte ne pouvait exister sans elle. Ils ne se doutaient guère ces rédacteurs du pacte octroyé, du sens profond et mystérieux renfermés dans ces mots : « Les Français ont le droit de publier et de faire imprimer leurs opinions. » Ils répétaient, les insensés, une formule magique dont ils ignoraient la puissance occulte, semblables aux alchimistes qui trouvaient la mort dans les miracles d'une science aveugle.

C'est pour avoir méconnu ce droit

indépendant de toute loi écrite, que le parlement en dépit de toutes ses colères, de toutes ses jalousies, n'a jamais pu affaiblir la presse. Egarés dans la même erreur, les gouvernemens se persuadèrent que la presse n'existait qu'en vertu d'un article de la charte, et qu'il n'y avait que quelques mots à changer, pour changer aussi la puissance qui leur inspirait de si profondes terreurs. Eh bien! ils ont à loisir fait leurs essais de répression : aucune complaisance ne leur a fait défaut, aucune législature ne leur a refusé sa complicité. Depuis 1819 jusqu'en 1835, la loi écrite a été transformée, tronquée, mutilée; toute la législation de la presse a été changée, la presse n'a été tronquée que pour grandir. La loi a été altérée, le droit est demeuré inaltérable. Evertuez-vous donc, législateurs d'un jour, inventez des formules, votez dans vos turbulentes séances des manifestes contre la presse. Vous avez beau faire; ces votes ne seront pas des lois, mais d'impuissans remplissages dans *le Moniteur*. La loi qui fait vivre la presse se formule hors des chambres, sans les chambres, malgré les chambres, contre les chambres, dans le consentement spontané de la nation. La loi écrite dans les codes peut en être rayée, parce qu'elle se matérialise par l'écriture : la loi écrite dans la pensée est ineffaçable ; car elle est placée dans un domaine qui ne relève d'aucun pouvoir humain.

Il faut donc le reconnaître, Timon, en dépit des protestations parlementaires, nous avons en France une double représentation; représentation par la tribune et représentation par la presse, représentation du privilége et rèprésentation du peuple, représentation aristocratique et représentation nationale. Vous comprenez sans peine, Timon, pourquoi je ne fais aucune différence entre vos deux chambres; elles représentent absolument les mêmes classes, les mêmes intérêts, les mêmes préjugés. C'est le même corps avec deux têtes; et son existence problématique n'a servi qu'à démontrer aux physiologistes que les monstres bicéphales ont une seule volonté.

Je ne parlerai pas non plus de la presse ministérielle; car, même en la supposant pure de toute corruption, elle exprime les mêmes intérêts que le gouvernement ou les chambres; par conséquent, elle se confond avec eux; elle n'a aucune force qui lui soit propre, elle ne vit que par la docilité salariée de son esclavage.

J'avoue qu'il doit en couter à la représentation parlementaire de reconnaître une autre représentation qu'elle-même. Mais elle a beau vouloir nier les droits de sa rivale; rien ne les constate mieux que ses protestations, ses jalousies et sa haine. Un seul instant toutefois, elle s'est montrée disposée à pactiser; ce fut en 1830, l'instant nécessaire pour raccommoder un trône.

Maintenant que ces deux représentations sont encore en face l'une de l'autre, toujours hostiles, toujours menaçantes, étudions leur action réciproque; nous y trouverons le secret de leur avenir.

Il faut avouer, Timon, que toujours la guerre contre la presse a été maladroite et aveugle. Le parlement ne l'a jamais attaquée autrement qu'en l'environnant d'entraves fiscales. C'était la concentrer dans un petit nombre de mains; c'était par conséquent ajouter à sa puissance propre toute la puissance du monopole. La presse, ainsi que toutes les choses humaines, n'a en elle qu'une certaine somme de forces; ces forces disséminées, subdivisées, fractionnées, se seraient trouvées réduites à des infiniment petits, sans lien commun, sans action simultanée, sans influence réciproque. La presse se serait perdue en détail, à moins que des hommes supérieurs, et ils sont rares, n'eussent appelé à eux par l'attraction du talent toutes les forces éparses. Aujourd'hui le monopole a tellement raffermi la presse, que sans pouvoir présenter à ses amis ou à ses ennemis un seul homme supérieur, elle domine les chambres, le gouvernement et le trône.

Et ne croyez pas que je me laisse aller à des illusions. Je suis vieux, Timon, beaucoup plus vieux que vous, et j'ai, par mon âge, acquis le droit d'être indifférent en politique. C'est donc avec l'indifférence d'un homme placé en dehors de tout événement, que je vous le dis : aujourd'hui la presse seule est puissante. En voulez-vous des preuves? Je n'irai pas les chercher bien loin ; je ne remonterai même pas jusqu'en 1830, alors que la presse renversait un trône et faisait fuir avec des soldats de hasard les meilleures troupes de l'Europe. Je citerai des événemens d'hier.

Un vieillard proscrit avait cru la France une terre hospitalière ; il venait pour y mourir tranquille. Cependant ses proscripteurs le poursuivent sur la terre d'exil, et le lâche gouvernement de la France refuse l'honneur de protéger cette tête sacrée. Gonfalonieri est arraché de son lit de douleur et jeté à la frontière. Il y a bien peu de jours que ces choses se passaient, et cependant Gonfalonieri respire aujourd'hui l'air pur de la France, et retrouve dans notre climat une dernière chance pour rétablir sa santé ruinée par les persécutions. Quel est donc le pouvoir qui a forcé le ministère soit à rougir de sa faiblesse, soit à mendier honteusement auprès d'une puissance étrangère la permission d'être généreux? la presse!

La plus belle de nos conquêtes modernes pèse aux bras affaiblis qui nous gouvernent; l'Afrique est depuis long-temps un embarras; l'abandon a été promis à l'Angleterre menaçante; et pourtant l'Afrique nous reste. Qui donc a défendu l'Algérie contre l'Angleterre, contre le gouvernement, contre les chambres? la presse.

Qui a empêché de s'élever de nouvelles bastilles? Qui a fait honte de la loi de disjonction? La presse, la presse persécutée, mutilée, affaiblie par des trahisons, et, il faut le dire, compromise par des fautes.

Qui enfin a pu arrêter les prodigalités de l'apanage? C'est à vous, Timon, qu'il appartient de le dire, vous dont la plume acérée a transpercé les loups-cerviers de la liste civile. Eh bien! Si Timon, au lieu d'écrire, fut monté à la tribune pour y débiter lourdement ses épigrammes, qu'aurait fait le ministère? Il aurait dit: « Ce n'est qu'un parleur de plus. » Mais Timon a jeté son esprit à la foule, et la foule a répondu par un applaudissement immense, et le ministère effrayé a retiré sa loi.

Le principal avantage de la presse sur le parlement, c'est qu'elle tient son mandat d'un plus grand nombre de citoyens. Le système électoral est ainsi fait qu'il y a beaucoup d'élus et peu d'appelés, et la presse étant devenue la mandataire de l'armée immense des parias politiques, plus la représentation électorale est étroite, plus l'action de la presse est puissante; plus au contraire la représentation électorale s'étendra, plus la presse perdra de sa force. Expliquez-moi, Timon, comment il se fait que les gouvernemens n'aient pas compris une aussi facile leçon de statistique.

Que si vous examinez les deux puissances rivales dans leur vie intime, dans leurs moyens d'action, dans leur influence soit l'une sur l'autre, soit sur le public, vous serez forcé de convenir, Timon, qu'en dépit de sa morgue, la représentation parlementaire n'est et ne peut être que l'humble vassale de la représentation populaire.

Il est d'abord une vérité si évidente, qu'elle n'a pas besoin de discussion, c'est que sur deux ennemis en présence, si l'un est dans la dépendance de l'autre, il doit nécessairement être le plus faible. Or, le parlement dépend tellement de la presse, que sans la presse il n'aurait aucune valeur, aucun mérite, aucun retentissement. Renfermez dans l'enceinte de votre palais législatif ces solennelles discussions dont vous faites parade : que seraient-elles? De stériles paroles, des allocutions adressées à des sourds, de vains bruits qui ne réveilleraient personne. Quel député se sentant un peu de cœur voudrait monter à la tribune, s'il avait pour tout public les auditeurs inattentifs et inintelligens que lui envoient les colléges électoraux? Que la presse soit muette; et non seulement la tribune, mais la chambre elle-même sera vide. Car c'est à la presse que le parlement doit sa vie extérieure, c'est à la presse que le député vient demander sa gloire, sa réputation, son avenir. Et n'est-ce pas d'ailleurs la presse qui lui fait sa tâche? Avant qu'une loi soit présentée à l'examen de la chambre, elle a été commentée par la presse, analysée dans tous ses détails, éclairée sous toutes ses faces : tous les argumens pour ou contre sont épuisés; tout le travail est préparé; et quand commence la discussion parlementaire, il n'y a plus rien à dire, si l'on ne veut répéter ce qu'a dit la presse. Vous rappelez-vous, Timon, une seule circonstance où la chambre ait fait jaillir d'une question quelque lumière nouvelle, où sa science ait été au-delà de ce que lui avait appris la presse ? Triste destinée de l'orgueil parlementaire condamné non seulement à subir les assauts d'une rivale mais encore à accepter ses leçons.

Le parlement a bien pu, par intervalles, emprisonner la presse, mais jamais s'en affranchir. Au moment même où il la serrait jusqu'à l'étouffer dans les entraves de sa législation jalouse, il allait encore porter ses hommages à son ennemie chargée de chaînes. Que le parlement maudisse donc la presse : il en a le droit ; car il est son esclave. Mais si jamais dans ses folles colères, l'esclave prenait assez de puissance pour faire périr le maître, à peine lui survivrait-il assez de temps pour gémir sur sa triste victoire.

Une autre différence entre la représentation parlementaire et la représentation populaire, c'est que tout est sérieux dans la presse, tout est fictif dans le parlement. Je m'explique. Vous est-il quelquefois arrivé, Timon, au moment de voir monter à la tribune quelques uns de vos héros parlementaires, de vous demander quel était le sentiment qui vous préoccupait ? Avez-vous jamais pensé que le plus habile des orateurs vous ferait changer de conviction sur la plus insignifiante de vos théories ? Avez-vous jamais cru que l'éloquence la plus persuasive vous apporterait une persuasion nouvelle ? Avez-vous jamais craint que le miel qui découlerait d'une bouche féconde, n'adoucît votre opposition? Non sans doute; la curiosité, le plaisir d'entendre des phrases harmonieuses, l'inquiétude de savoir comment l'orateur abordera telle difficulté, comment il éludera telle question, comment il franchira tel péril, voilà, Timon, les sentimens qui vous agitent. Mais ce sont-là, convenez-en, des passe-temps d'artiste, et non des occupations de législateur. Vous êtes là dans la même sphère d'idées, que lorsque vous voyez un héros du Cirque-Olympique faire de périlleuses voltiges. En cela, le public n'est pas autrement fait que vous. Il accourt au spectacle du parlement; il applaudit aux efforts des athlètes qui font assaut de puissance oratoire; mais il ne rapporte de là que les impressions d'une brillante comédie. Et remarquez que la comédie cesse aussitôt que le discours de l'orateur est recueilli et répété par la presse : alors il devient un enseignement; car il s'adresse à un public qui cherche à s'éclairer, et non plus à un auditoire déterminé d'avance à n'en rien accepter que des émotions et des figures.

En effet, le public de la presse, disposé qu'il est à la prendre au sérieux, l'oblige par là même à être sérieuse. Ce n'est plus comme la chambre une puissance de convention, qui repose sur la fiction de la loi écrite. Pour qu'elle vive, il faut qu'il y ait en elle du vrai; qu'il y ait du vrai dans ses enseignemens comme dans ses colères, dans ses triomphes comme dans ses défaites, dans le bien qu'elle produit comme dans le mal.

Je n'en veux, d'ailleurs, pour témoignage, que les accusations de ses ennemis. Il n'est sans doute pas besoin de la défendre contre d'imbécilles calomniateurs; mais ceux qui lui reconnaissent un si grand pouvoir, ne conviennent-ils pas que ce pouvoir est sérieux? Le parlement, au contraire, ne peut jamais ni faire le bien qu'il veut, car il en est empêché par le gouvernement, ni faire le mal qu'il médite, car il en est empêché par la presse.

Si de ce parallèle entre la presse et le parlement, nous passons à une comparaison personnelle, pour ainsi dire, entre l'écrivain et le député, vous avouerez, Timon, que l'avantage reste encore au premier.

L'écrivain ne se révèle au public

que par son côté intellectuel ; on ne voit de lui que sa pensée ; c'est un être abstrait dont les traits matériels, dont les infirmités humaines restent voilés. Le député à la tribune est analysé dans sa personne avant de l'être dans son talent : il n'a pas encore parlé, et déjà la critique s'exerce ; elle mesure sa taille, ses bras, ses jambes, le questionne sur la couleur de ses yeux, l'arrangement de sa coiffure, la coupe de son habit, les plis de sa cravate. Quand il parle, elle interroge le diapason pour savoir au juste le timbre de sa voix ; quand il s'agite, elle précise avec un compas la rondeur de ses gestes ; elle le poursuit dans chacune de ses poses, dans chacun des muscles de sa physionomie, et avant d'avoir découvert aucun défaut dans l'esprit, elle a déjà signalé tous les vices du corps.

Ajoutez à cela, Timon, que l'écrivain ne doit sa considération qu'à son mérite personnel; le député tient sa considération de son titre. Or, ce titre, chacun peut le demander et l'obtenir sans le mériter, et convenez que j'aurais trop beau jeu si je voulais citer des exemples. Chacun aussi, je l'accorde, peut se mêlér d'écrire; mais chacun ne peut pas se flatter d'être lu. Vous avez beau vous proclamer l'ami du peuple, le défenseur du peuple, épuiser toutes les formules du charlatanisme politique; le peuple se moquera de vous, si vous le défendez sans talent, si votre amour ne fait pas acte de virilité. L'écrivain n'a de valeur que par l'intelligence qui est en lui : le député a une valeur indépendante de toute intelligence : l'éloquence du plus puissant orateur est vaincue par les voix muettes du scrutin. Le député qui cesse de faire partie de la chambre, que devient-il? un zéro de plus confondu dans des milliers de zéros. L'écrivain qui cesse d'écrire ne perd rien de sa force; ses amis se disent qu'il a toujours en lui la puissance qui le fit admirer, ses ennemis, qu'il a toujours sous la main l'arme qui le fit craindre. Pour détrôner un de ces rois du parlement, il suffit du caprice de quelques électeurs. Rien ne peut ravir la couronne aux rois de l'intelligence.

Pourquoi, cependant, l'écrivain aspire-t-il à descendre de cette haute position que lui-même s'est faite, pour aller, au nom de quelque bourg pourri, tomber au banc des élus? Pourquoi l'homme de la représentation nationale veut-il à toute force devenir l'homme de la représentation légale? Hélas! Timon, c'est ici que se trahit la faiblesse humaine. Celui qui a usé sa vie à combattre pour le peuple, se laisse aller à la dangereuse pensée de combattre enfin pour lui-même; après les luttes orageuses de la polémique quotidienne, il cherche les luttes plus calmes et surtout plus profitables de la discussion parlementaire. Il fut un des premiers dans la presse, et il se dit: « Pourquoi ne serais-je pas un des premiers dans le parlement. » Or, être un des premiers dans le parlement, c'est être un des premiers aspirans au portefeuille. Ainsi va se perdre dans des rêves ambitieux le talent qui n'était quelque chose que parce qu'il combattait l'ambition. C'est là, sans doute, une vérité sévère; mais vous, Timon, qui lisez si bien dans le cœur de vos collègues, dites-moi, s'il est un seul d'entre eux qui, la première fois qu'il s'est présenté dans un collége électoral, n'ait bercé son avenir des plus hyperboliques espérances. En peut-il être autrement? On a vu de si étranges fortunes, de si scandaleuses grandeurs, de si faciles ascensions, qu'il y a de quoi tenter les médiocrités les plus modestes. Aussi n'y a-t-il pas d'avocat député qui ne rêve la simarre, pas de professeur qui ne s'affuble en perspective de la robe de grand maître, pas d'officier qui ne voie devant lui le portefeuille de la guerre.

Ce n'est pas, toutefois, que je veuille prétendre ne rencontrer dans la presse que de mesquines ambitions, et de maladroits calculs. Je ne fais pas si bon marché des hommes de talent, et quoique le dévoûment au pays soit le texte de bien des discours, et le mobile d'un bien petit nombre d'actions, je ne pousse pas l'incrédulité jusqu'à le nier. Il n'y a aujourd'hui de hardis sceptiques que les jeunes présomptueux. Je ne suis malheureusement plus jeune, et j'ai fait trop de fautes dans ma vie, j'en ai trop vu faire aux autres, pour être présomptueux. Je l'admets donc : il y a des hommes de la presse qui, sans arrière-pensée ambitieuse, aspirent au parlement ; ils s'imaginent devoir être plus utiles à leur cause, en plaidant pour elle avec un caractère officiel; ils voient dans la tribune une sphère plus élevée, d'où leur voix retentira plus au loin. Ils veulent bien croire qu'il ne faut que quelques hommes courageux pour entraîner les irrésolutions de l'assemblée, et hâter les promesses de l'avenir. Peut-être même, se laissent-ils déjà bercer par les doux rêves d'un triomphe que le peuple ne devra qu'à eux; rêves légitimes, sans doute, mais qui ne se réaliseront jamais. Non, l'homme de la représentation populaire ne communiquera pas sa force à la représentation légale, mais celle-ci lui communiquera sa contagieuse faiblesse. Non, ses paroles ne réchaufferont pas l'atmosphère de ces voûtes glacées, mais ces voûtes refroidiront sa voix ; et il aura beau s'agiter sur ces bancs stériles, il ne sera qu'un impuissant de plus.

Je ne veux pas qu'on puisse me reprocher, Timon, de ne considérer la question que sous une de ses faces. Je mettrai en regard le journaliste ambitieux qui ne voit dans la députation qu'un moyen d'arriver au ministère, et le journaliste désintéressé qui n'y voit qu'un moyen de combattre plus utilement les ministres. Eh bien ! de ces deux hommes lequel vous semble illogicien ? N'est-ce pas évidemment ce dernier ? En effet, quand on est de l'opposition, il faut suivre les mêmes principes que dans toutes les autres guerres, c'est-à-dire bien choisir son terrain. Or, quel est le véritable terrain de l'opposition, son camp, sa place forte? N'est-ce pas dans la presse? Où sont ses plus habiles chefs, ses plus vaillans soldats, ses plus illustres victimes? N'est-ce pas dans la presse? L'opposition de la chambre n'est qu'une avant-garde, une troupe d'auxiliaires que la presse envoie à la manœuvre ou à la parade, et dont tout l'éclat est emprunté à la puissance qui la fait agir. Ces alliés parlementaires n'ont d'autre mission que de répéter les paroles qu'on leur a dictées, de formuler les motions qu'on leur a commandées; et la presse se charge en retour de donner quelque aliment à leur vanité, quelque espoir à leur ambition. De temps à autre, j'en conviens, il s'est trouvé des soldats indociles qui ont voulu se soustraire à l'autorité de la presse, et penser par eux-mêmes; mais que sont-ils devenus dans l'isolement de leur fierté? des discoureurs sans auditoire, des voix sans échos, de véritables négations. Un député ne peut pas seul constituer un parti : il faut qu'il choisisse entre la bannière du gouvernement et celle de l'opposition. Or, la bannière de l'opposition est dans la presse, et là où est la bannière, là est le commandement.

En vain l'opposition parlementaire essaierait de se retrancher dans son orgueil, je la défie de se rendre indépendante de la presse; car elle ne peut se passer de la presse, et la presse peut se passer d'elle. Qu'elle subisse donc de bon gré un vasselage qui n'est pas, après tout, sans profit ; qu'elle rende hommage à la suzeraine qui l'a conduite à plus d'une victoire. Mais puisqu'il en est ainsi, Timon, convenez avec moi que l'écrivain de l'opposition qui entre au parlement, s'abaisse au lieu de s'élever.

Le journaliste s'imagine peut-être qu'une fois admis à fonctionner comme législateur, il pourrait mieux servir sa cause, parce que après tout il est plus avantageux de faire les lois que de les commenter. Cela serait vrai sans doute, si c'était effectivement la Chambre qui fît les lois. Mais je ne puis croire qu'elle ait sérieusement cette prétention. Est-il en effet une seule loi importante, une seule mesure de progrès qui avant d'être votée par la Chambre, ne lui ait été longtemps à l'avance dictée par la presse ? A-t-elle jamais pris l'initiative sur une seule question, politique, financière ou industrielle ? Cette initiative n'est pas même partie du gouvernement, à qui, plus qu'à tout autre, elle devrait appartenir. C'est la presse qui a toujours révélé les besoins nouveaux, attaqué les anciens abus, ouvert la voie à toutes les améliorations sociales. C'est elle qui dans ce moment crée partout des chemins de fer ; c'est elle qui ferme les maisons de jeu; c'est elle qui poursuit la fraude, en provoquant la révision des sociétés en commandite; c'est elle qui prépare aujourd'hui la conversion des rentes et la réforme électorale. Vous souriez, Timon, et vos yeux semblent me dire que cette réforme ne sortira pas encore de la législature actuelle. Je le pense comme vous ; eh bien ! ce sera pour la prochaine fois. La presse doit savoir attendre ; car elle sait que tôt ou tard il faut qu'on la satisfasse.

C'est une vérité tellement incontestable, que si vous voulez connaître d'avance les institutions qui nous régiront dans dix ans, le moyen est bien simple : étudiez les discussions de la presse d'aujourd'hui. Ce n'est donc ni dans la Chambre, ni dans le gouvernement, c'est dans la presse qu'est le sanctuaire de la législation. La Chambre vote les lois ; c'est la presse qui les fait.

Il y eut aussi sous l'empire, des Chambres qui s'appelaient législatives et s'imaginaient faire des lois, elles qui ne faisaient qu'enregistrer les ordres du maître. Eh bien! aujourd'hui le maître, c'est le peuple, ses organes sont les journaux ; et les Chambres ne font qu'enregistrer les édits des journaux. En vain cherchez-vous à vous débattre devant cette cruelle vérité : pour conquérir votre indépendance, il faudrait, législateurs invalides, que vous pussiez vous débarasser de ce maître nouveau, comme vous vous êtes débarrassés de l'autre dans ses jours d'infortune. Mais la voix de celui-ci était la voix d'un seul ; la voix de celui-là est la voix de tous.

Cependant, direz-vous, les lois faites contre la presse n'ont pas été faites par la presse. Cela, Timon, je vous l'accorde volontiers. Mais dites-moi à votre tour, pourquoi les lois contre la presse ont toujours été impuissantes, pourquoi aux premières rigueurs, il a fallu substituer des rigueurs nouvelles, jusqu'à ce qu'on les eût tellement accumulées, que leur application s'est trouvée impossible. Voyez-vous cette Chambre en colère qui déclare qu'elle ne veut plus réprimer, mais supprimer; et non seulement la suppression ne lui a pas été permise, mais la répression même est devenue plus difficile. Une chose bien digne de remarque, et qui devrait servir de leçon à ces hommes qui croient que pour faire des lois il ne faut que des boules blanches, c'est que depuis la promulgation de la loi de septembre, il ne se passe pas de jour où chacun des différens organes de la presse ne viole ouvertement la plupart de ses dispositions. Déployez le premier journal qui vous tombe sous la main, et vous verrez, Timon, qu'à chaque article, le principe même du gouvernement est mis en question, qu'à chaque ligne, le nom du roi intervient dans la discussion. Où donc est le danger de cette polémique, puisqu'elle se fait sans que l'ordre en soit troublé, où est la justification de cette loi, puisqu'elle laisse subsister tout ce qu'elle devait détruire, puisqu'elle laisse attaquer tout ce qu'elle devait protéger? Et qu'on ne dise pas que ce soit indulgence de la part du gouvernement. Non : les forts seuls sont indulgens, et le gouvernement est faible : il ne traîne plus la presse aux cours d'assises, parce que le jury acquitterait, et le jury acquitterait, parce que la loi n'a pas été consentie par la presse. Il en sera de même de toutes celles qu'elle n'aura pas dictées : abrogées aussitôt que promulguées, elles ajouteront au Bulletin des lois quelques lignes de plus, et voilà tout.

Qu'allez-vous donc faire, hommes de la presse, au milieu de ces voteurs? recevoir des ordres, au lieu d'en donner; devenir les manœuvres du scrutin, au lieu de rester les grands artisans de la législation.

Auriez-vous par hasard des prétentions à l'art oratoire, et vous flattez-vous d'ajouter les palmes de l'éloquence aux lauriers de la presse? Mais je vous le demande, n'est-ce pas dégénérer, que d'aller transformer en beau parleur un brillant écrivain ?

L'éloquence est un art suranné qui ne va ni à notre époque, ni à notre physionomie. C'est une statue antique à laquelle il faut des draperies, un cothurne et toute la majesté de la toge. Comment voulez-vous qu'elle se déploie, avec vos habits étriqués ou vos redingotes à la propriétaire. Eh mais ! il suffit de vos cravates pour étrangler sa voix.

De tous les discoureurs modernes, les avocats seuls ont compris qu'il fallait conserver à l'éloquence ses antiques vêtemens. S'il y a encore quelque prestige dans leurs paroles, ils le doivent, sans contredit, à l'ampleur de leur robe, aux plis de leur rabat, à la carrure de leur bonnet.

Quant à nous qui avons renoncé à l'antique et au gothique, il nous faut renoncer à l'éloquence. Nos mœurs, nos costumes, toute notre manière d'être lui répugne. Elle ne s'accommode ni des perfectionnemens, ni des superfluités de notre civilisation. Vous figurez-vous, par exemple, Démosthène en lunettes, Cicéron prenant du tabac, et Périclès buvant un verre d'eau sucrée? A cette image burlesque, toutes vos idées sur l'éloquence ne sont-elles pas bouleversées? Ne vous sentez-vous pas saisir d'un dégoût profond pour ces parodies déclamatoires, où les soutiens de la patrie font assaut de grimaces, où les défenseurs du peuple et du trône se mouchent alternativement à chaque période. Laissez donc, hommes de la presse, laissez à vos adversaires ces ridicules imitations d'un passé qui n'est plus, et n'allez pas faire les Démosthènes, quand vous êtes plus forts que Philippe.

Pourquoi chercher d'ailleurs à faire revivre l'éloquence? C'est un art de place publique; c'est la divinité de la multitude aveugle; car elle parle aux passions plutôt qu'à la raison; elle est faite pour entrainer, plutôt que pour persuader. Fougueuse et désordonnée, le raisonnement est ce qu'elle néglige le plus; car le raisonnement refroidit, et si l'éloquence se refroidit, elle meurt. Ce n'est donc pas l'éloquence qui convient au législateur, mais la raison, qui plus elle est tempérée, plus elle est puissante.

Il y a une si grande différence entre les déclamations de la place publique et les discussions du parlement, que le même homme voit tomber ou grandir son talent et son influence, selon qu'il se transporte sur l'une ou l'autre scène. Voyez O'Connell. Sur les vertes montagnes d'Erin, au milieu de ces populations amaigries par la faim, sa parole électrique fait bondir tous les cœurs, étinceler tous les yeux, hurler toutes les colères. Qu'il lève le bras, et des milliers de bras se lèveront aussitôt ; qu'il menace les tyrans, et ses menaces seront répétées dans un écho immense renvoyé par les flots tumultueux de la foule. Souverain absolu de son auditoire, il soulève les passions jusqu'à la frénésie, et les fait taire au milieu du plus violent paroxysme. Ce n'est pas lui qui craindra de déchaîner le lion rugissant; car d'un mot il l'apaise et le couche à ses pieds. Voyez ensuite O'Connell au parlement, et puis demandez-vous ce qu'est devenu le puissant orateur. C'est un astre éclipsé dont les rayons ne jettent plus qu'un pâle et douteux éclat. Son influence comme orateur est nulle; comme homme politique, elle se réduit aux quarante votes dont il dispose. O'Connell en Irlande, c'est le géant des tempêtes ; au parlement, ce n'est plus qu'un démagogue de mauvais goût.

Pourquoi donc cette destinée diverse d'un même génie ! La solution de ce problème est la meilleure preuve de ce que je vous disais tout-à-l'heure,

Timon ; c'est que l'éloquence n'est pas un art de notre époque. N'allez pas croire, en effet, que les Irlandais soient nos contemporains. Ce sont encore des serfs du moyen-âge, des hommes abâtardis par une longue tyrannie, qui ne comprennent que le langage de la passion, et non celui de l'intelligence. A ces ames engourdies, il faut des paroles de feu, parce qu'il est besoin de les brûler pour les échauffer : ces plaies devenues calleuses sous le fouet du despotime, ils faut qu'une main vigoureuse y plonge, pour en faire jaillir le sang, et rendre aux ilotes le sentiment de l'indépendance avec le sentiment de la douleur. Voilà surtout ce que peut faire l'éloquence : car nulle puissance ne sait comme elle exalter les colères et rallumer les vengeances.

Ces moyens sont légitimes sans doute pour les sauvages Irlandais qui ne peuvent comprendre encore que les brutalités de l'éloquence; mais nos Français sont trop forts et trop intelligens pour avoir besoin de colère; leurs sens sont trop délicats pour goûter les hurlemens du forum. Ce n'est plus aux passions qu'il faut faire appel en France, c'est à la raison populaire. Or la raison veut méditer, et pour méditer, il lui faut des écrits et non pas des harangues. Je ne sais si je me trompe; mais je crois qu'une des terreurs les plus burlesques qui ait saisi notre gouvernement si fécond en terreurs, ce fut quand il prit au sérieux les déclamations des clubs. Il s'arma pour les réprimer de toute la sévérité des lois, et les environna ainsi de l'intérêt qu'inspire la persécution, tandis qu'en les laissant vivre quelques jours de plus, le ridicule en eut fait justice.

Je pense bien qu'il ne manque pas de gens tout prêts à faire des discours ampoulés pour me prouver, dans leur modestie, que l'éloquence n'est pas morte. N'osant toutefois se citer eux-mêmes, ils s'écrieront fièrement que si l'antiquité a eu son Démosthène, nous avons notre Mirabeau; ils feront l'appel nominal de toutes les célébrités de la Convention, et demanderont si ce ne sont pas là des orateurs. J'en conviens; mais Mirabeau n'était qu'un puissant démolisseur, un artisan de discordes et de haines : les grands conventionnels auraient bien voulu organiser ; mais ils avaient à se défendre contre les convulsions furieuses d'un passé qui se refusait à mourir. Il leur fallait donc des paroles violentes et de terribles harangues. D'ailleurs la presse n'était pas comme aujourd'hui disciplinée par la victoire. Les conventionnels n'ayant pas en dehors cet auxiliaire intelligent, étaient obligés de s'appuyer sur les improvisateurs fanatiques des clubs. Ce fut un de leurs malheurs.

Vous pourriez aussi me citer, Timon, les gloires du parlement anglais. Quant à moi, je ne puis voir dans le parlement anglais qu'une réunion de marchands, convoqués pour traiter de leurs affaires financières. Ils ont pu de temps à autre, en voyant leur argent compromis, s'élever jusqu'à l'éloquence du cœur; mais jamais des théories sociales n'ont été sérieusement discutées dans cette assemblée. Si par hasard des questions de haute politique ont été soulevées dans les beaux jours de Fox et de Pitt, de Burke et de Shéridan, ce n'était qu'un retentissement des agitations sublimes de la Convention, de même que la dernière réforme des Anglais ne fut qu'un écho affaibli de la révolution de Juillet. Ne tentez donc pas de rapprochemens forcés, et n'ayez pas la prétention de m'introduire au Sénat, quand vous me faites les honneurs d'un comptoir.

On s'est souvent amusé des discours écrits, et la presse opposante n'a pas été, à ce sujet, avare d'épigrammes. Il y a selon moi dans ces critiques, injustice et ingratitude. L'homme qui vient offrir à une assemblée les lentes productions d'une pensée consciencieuse, fait preuve d'un plus grand respect pour le public, que l'orateur étourdi qui apporte à la tribune ses colères irréfléchies et ses boutades du moment. Quels furent d'ailleurs les hommes parlementaires les plus puissans sous la Restauration? Alors que la chambre était quelque chose, alors que les députés prenaient leur mandat au sérieux, quels députés excitèrent le plus de sympathies? lesquels étendirent plus au loin l'action parlementaire, si ce n'est les hommes qui écrivaient leurs discours, Benjamin Constant et Royer-Collard?

La simple logique du bon sens nous dit pourquoi l'instrument politique des anciens était la parole : ils n'avaient pas d'autres moyens de communiquer avec leurs concitoyens. Ils ne pouvaient pas, tous les matins, répandre leur pensée par milliers d'exemplaires ; mais renfermés dans l'enceinte du Forum, ils étaient obligés de laisser tomber leurs enseignemens dans un cercle étroit, et leur puissance d'action dépendait de la force de leurs poumons. Les émotions qu'ils faisaient naître étaient vives sans doute, mais passagères, et l'enthousiasme des auditeurs tombait avec le dernier son de la voix. Nous, plus heureux, graces à la presse, nous ne sommes limités par aucun espace, trahis par aucune infirmité humaine. Partout présente et en cent lieux à la fois, une dans son essence et multiple dans son action, la presse fait entre tous le partage de sa force, sans en rien retrancher ; sa parole n'est pas, comme celle de l'orateur, un son qui s'efface à mesure qu'il se produit ; c'est une voix continue dont aucun mot ne se perd ; le passé lui appartient comme le présent et l'avenir, et semblable à la renommée qui prend des forces en marchant, elle a pour forum le monde, pour auditoire le genre humain.

Que venez-nous donc nous parler d'éloquence ? Sommes-nous d'oisifs Athéniens auxquels il faille, au sortir du banquet, de belles paroles pour leur digestion ? Eh bien, essayez sur nos places vos voix harmonieuses ; luttez contre les vents du nord-ouest et les pluies d'équinoxe. Démosthène triomphait du bruit des vagues, mais il eut été vaincu par une température au dessous de zèro. Tous vos efforts sont des contresens dans notre climat; nos places publiques ne sont pas tenables trois mois de l'année.

En vain l'éloquence a tenté de se réfugier dans les salons (car ce ne sont que des salons, nos palais législatifs), elle n'est plus dans ses mœurs, et, comme une plante de serre chaude, elle ne produit que des fruits sans saveur. Vous aviez bien raison, ô le plus malicieux des présidens! de vouloir imposer le costume à vos députés; c'est, à mon sens une de vos meilleures épigrammes. Ce collet droit, qui encaisse la tête dans ses broderies d'argent, représente parfaitement la raideur empesée d'un discours parlementaire.

Ah! que vous avez bien compris votre siècle, ingénieux Timon, lorsque, vous retranchant dans votre habile silence, vous n'avez vu dans ces joûtes où chacun pose avec plus ou moins de manière et d'artifice, qu'une occasion heureuse pour faire des portraits! Vous pouviez, sans contredit, aussi bien qu'un autre, déployer à la tribune votre appareil oratoire, et demander à la presse complaisante un article laudatif; mais vous avez mieux aimé donner à la presse un puissant exemple, en négligeant votre représentation légale, pour venir prendre rang dans la représentation populaire. Bien vous en a pris, Timon; le peuple vous a largement payé en gloire ; c'est le seul budget dont il dispose, mais il en vaut bien un autre. Il y avait aussi quelque chose d'instinctif dans le dépit du ministre, lorsqu'il vous a fait l'honneur de vous effacer du rang des honorables. Vous n'êtes pas en effet de l'étoffe dont on fait les Démosthènes du Palais-Bourbon ; il y a chez vous mieux que cela.

Avouez-le donc franchement, Timon, l'éloquence est de nos jours une illusion, un vain fantôme du passé, une lettre morte dont on a perdu le sens. Que les artistes le regrettent, permis à eux ; mais qu'un homme politique veuille faire revivre des formes effacées, c'est un véritable anachronisme. Les peuples primitifs ont eu leurs poètes, les anciens de

Rome et d'Athènes leurs orateurs, le catholicisme ses chaires évangéliques, la France moderne a ses écrivains de la presse. Ainsi, pour l'enfance des nations, il y a eu la poésie, pour leur jeunesse l'éloquence; leur virilité demande des écrits.

Je sais qu'on peut adresser bien des reproches à la presse; mais ses ennemis croient avoir tout dit quand ils ont parlé de ses abus. Imaginez-donc quelque chose qui tienne à l'homme et qui soit sans abus; avec de si rigoureuses exigences, il faudrait supprimer toute institution, et avant tout le gouvernement, car le gouvernement est la source la plus féconde en abus.

Quant aux fautes de la presse, je ne veux ni les excuser, ni les voiler;

elles sont graves, nombreuses, plus difficiles à corriger que les mauvaises lois.

En première ligne, je signalerai la manie du patronage. Chaque journal se croit obligé de choisir ce qu'on appelle une illustration de la Chambre, pour se mettre sous sa tutelle, et brûler régulièrement devant son image un encens matinal. Ce sont tous les jours hommages et génuflexions : tous les jours le *premier Paris* se termine en apothéose ; c'est une petite église où il ne manque ni prêtre, ni Dieu, ni sacrifice ; c'est un véritable abrégé de tous les cultes.

Que si l'on reproche à ces vassaux empressés leur servage volontaire, ils répondent qu'ils ne se prosternent pas devant l'homme, mais devant leur principe représenté par l'homme. De quel droit alors s'en vont-ils insulter les courtisans de la royauté, qui peuvent dire, eux aussi, qu'ils se prosternent non devant un roi, mais devant un principe? Quant à moi, si, pour mes péchés, j'étais condamné à faire ma cour à quelqu'un, je croirais moins m'abaisser en me courbant devant ce qui est plus élevé; mais ceux qui prêchent l'indépendance ne doivent être sous la dépendance de personne: la presse peut avoir des cliens; elle ne doit pas connaître de patrons.

Les véritables organes de la démocratie ne sont pas, il est vrai, tombés dans cette déplorable faute; mais encore ont-ils montré trop de condescendance pour des défenseurs parlementaires qui étaient au dessous de leur rôle, et les ont-ils exaltés follement parce qu'ils se rapprochaient d'eux. Peut-être cette consolation était-elle due à la faiblesse numérique de ces représentans; toutefois, ils l'ont rarement mérité par leur courage. Il n'appartient pas à la démocratie de flatter la Chambre, mais de la combattre et de la dominer; car la Chambre est l'ennemie naturelle de la démocratie.

Parlerai-je maintenant de la presse industrielle, de la presse devenue marchande, jetant des valeurs fictives aux agioteurs de la Bourse, créant des assignats de nouvelle espèce, et multipliant autour d'elle de honteuses ruines? Passons là-dessus; la presse honnête a réclamé, et pour mieux repousser toute solidarité, elle a offert en holocauste sa plus illustre tête.

Ce qui rend les spéculateurs indignes de pardon, c'est d'avoir étouffé la presse sous le courtage des annonces et les bagatelles de la littérature. Retranchez des journaux les annonces et les feuilletons, que leur reste-t-il? Les nouvelles du jour, la cote de la Bourse, et un *Premier Paris* bien maigre, tel qu'en fournissaient le *Constitutionnel* dans ses momens de peur, et le *Journal de l'Empire* dans son format exigu. Que signifie d'ailleurs de poursuivre le charlatanisme dans vos colonnes indignées, quand, au revers de la page, vous l'admettez à faire lui-même son éloge? Que me font vos violentes apostrophes contre un homme que vous flétrissez dans son industrie, dans ses mœurs, dans sa vie tout entière, si vous l'autorisez à vous démentir dans une *réclame*, au prix de trente sous la ligne? Eh quoi! vous déclarez un journal immoral, infâme, corrupteur et corrompu, et à quelques traits de plume plus loin, je vois ce journal vanté, prôné offert en lecture à tout le monde! Vous avez beau dire que le public ne s'y trompe pas, qu'il ne prend pas ce style pour le vôtre: il n'en est pas moins vrai que ce faiseur de propagande par annonces sait fort bien quels fruits il en doit recueillir, et ces fruits dangereux, c'est vous qui les semez! Maudite soit l'Angleterre qui a enseigné à notre presse cette misérable industrie! Ce n'est pas le seul funeste présent que nous ait fait cette terre classique de la vénalité.

L'invasion de la littérature frivole est plus dangereuse, parce qu'elle est plus séduisante; les journaux ne sont pas des théâtres élevés aux œuvres d'art, mais des tribunes ouvertes aux discussions politiques. Ils sont faits pour s'adresser aux hommes sérieux et non pas aux esprits futiles; si toutefois ils admettent la littérature, ce doit être une littérature qui serve d'auxiliaire à leurs principes, de corollaire à leurs leçons. Quant à ces romans légers, à ces contes exotiques et fantastiques, à ces rêves d'un cœur malade, enfin à toute cette littérature d'apprentissage qui tombe de la plume des écoliers au sortir de leurs classes, si l'on ne veut la proscrire tout-à-fait, c'est lui faire beaucoup d'honneur que de la reléguer dans le *Magasin Pittoresque* ou le *Journal des Enfans*. Que résulte-t-il de cet amalgame confus de badinages quotidiens? C'est que la presse perd tous les jours de son caractère viril, c'est que les hommes graves s'en éloignent, et que bientôt l'on ne s'abonnera plus à un journal que pour le livrer aux loisirs de sa femme,ou à l'oisiveté de sa maîtresse.

Que si toutefois vous en êtes venus à ce point, hommes de la presse, que pour soutenir votre existence matérielle il vous faille divertir vos lecteurs d'histoires scandaleuses, et de propos de boudoir, brisez votre plume plutôt que de la souiller. Si les marchands ont pris racine dans le temple de façon que vous ne puissiez les en chasser, eh bien! sortez vous-même du temple : il y a place ailleurs pour les combattre.

Le pamphlet! Timon, voilà aujourd'hui l'arme de l'opposition, puisque les journaux subissent, sans se révolter, l'invasion des Barbares. Le pamphlet! voilà le seul asile de la presse indépendante, la chaire des apôtres de la démocratie. J'en atteste vos écrits, Timon; et ceux de notre tant regrettable Courrier, n'est-ce pas le pamphlet qui a relevé la presse dans ses jours de découragement, qui l'a vengée dans ses jours de persécution? Saisissez donc, Timon, votre fouet noueux; fustigez les ennemis du peuple; car ils se reposent dans leur iniquité. Réveillez aussi ses amis ; car ils sommeillent dans leur découragement.

Un moment viendra où les écrivains politiques fatigués d'une alliance qui les affaiblit, contraindront les artistes littéraires à se retrancher dans des journaux spéciaux. Alors, et alors seulement, ils reprendront toute leur force : mais alors aussi, vous devez vous rappeler, hommes de la presse, que vous seuls êtes les véritables représentans du peuple, et que votre première mission est de combattre les représentans du privilége. N'allez donc pas par une ambition folle ou un zèle erroné vouloir forcer les portes de la Chambre, n'allez pas vous installer sur des bancs où se refroidit la verve, où s'engouffre le talent. Ou bien avouez que vous renoncez à tout votre passé. Il ne peut pas y avoir au parlement de tribuns du peuple. Leur place est dans la presse ; et vous mentez étrangement aux autres ou à vous-mêmes, en promettant de conserver votre physionomie, lorsque vous changez de costume. Pour éclairer le peuple, il faut parler au peuple; en combattant pour lui, il faut combattre avec lui. Les Gracques, ces sublimes démagogues, comprenaient bien que leur poste était dans le forum au milieu des opprimés, et non dans la curie au milieu des oppresseurs.

Vous avez de votre talent une bien singulière opinion, hommes de la presse, pour vous imaginer qu'il puisse se transporter d'un lieu à un autre, comme un bagage de théâtre. Voyez la presse du dix-huitième siècle. Pourquoi fut-elle si puissante? C'est qu'il ne lui était permis ni de se mésallier, ni de se dépayser. Mais quelle figure croyez-vous qu'eussent faite au parlement et Pascal et Voltaire et Jean-Jacques, ces princes du pamphlet? Ils eussent été ridicules après avoir été sublimes. Et en effet, le talent ne se déplace pas : pour conserver son originalité, il doit rester dans sa sphère; s'il change de climat, il perd sa sève et dépérit. C'est là ce qui doit nous consoler, Carrel, de ta mort prématurée : il ne t'a pas été donné d'accomplir les vœux mal inspirés qui te faisaient ambitionner les combats de la tribune; le grand publiciste n'est pas allé se perdre dans la foule des médiocres orateurs. Aussi ta vie a-t-elle été, comme celle de peu d'hommes politiques, exempte de chutes et à l'abri des mécomptes.

Comprenez donc bien et votre rôle et votre force, hommes de la presse. Que signifient vos déclamations sur le suffrage universel, quand vous êtes armés des pleins pouvoirs de toute la nation non électorale ! Le suffrage universel existe, puisque c'est le mandat en vertu duquel vous écrivez. Laissez la doctrine et ses adeptes s'emprisonner dans l'enceinte du pays légal. Pour vous, le pays légal, c'est tout ce qui pense, tout ce qui travaille, et vous êtes à la tête des penseurs et des travailleurs. Jusqu'ici, vous vous êtes faits les surnuméraires du parlement, tandis que vous deviez en être les antagonistes : vous vous êtes prosternés devant lui, tandis que vous deviez le traiter de puissance à puissance. La presse et le parlement, voilà en effet les deux seuls pouvoirs que reconnaitra l'avenir. Mais dans la presse plus encore que dans le parlement est renfermée cette force dont parle Bossuet « de qui relèvent tous les empires, et qui seule se glorifie de faire la loi aux rois, et de leur donner quand il lui plait, de grandes et de terribles leçons. »

P. S. J'avais à peine achevé ma lettre, Timon, que la chambre s'est empressée de démontrer aux yeux de tous, ce que j'osais à peine vous dire en confidence, qu'elle n'était la représentation ni du pays ni de la dignité du pays, mais seulement de ses propres vanités et de ses prétentieuses misères. Dans une seule semaine législative, tous les ridicules ont été épuisés. Les broderies d'argent ont été adoptées et repoussées ; l'habit officiel a été endossé et rejeté ; et au milieu de ces jeux du scrutin, on s'embarrasse à suivre les mouvemens puérils de ces législateurs-enfans, qui courent après un hochet et le laissent ensuite tomber de leurs mains. Et ne venez pas, Timon, me vanter les gloires de l'opposition à qui définitivement est restée une si pauvre victoire. Car elle la doit moins au courage qu'à la ruse : or, la ruse est la ressource des faibles. Aussi le vote de mercredi a-t-il été plutôt un habile escamotage qu'un triomphe sérieux.

Il y avait pourtant de quoi réveiller

l'indignation, même sur vos bancs soporifiques, en voyant le degré d'abaissement où l'on entraînait la discussion législative. La France n'a-t-elle donc plus rien à faire comme nation, et ceux qui prétendent la représenter ont-ils tant de loisirs, que la question sociale la plus importante, soit une question de toilette! Mais levez-donc les yeux sur l'horizon politique, et dites-moi si jamais circonstances furent plus difficiles depuis sept ans. A vos portes, la contre-révolution, personnifiée dans don Carlos, triomphe de vos incertitudes. Les rois du nord s'avancent pour lui tendre la main. En Afrique Abd-el-Kader, encouragé par de honteux traités, massacre vos alliés sur le territoire qui lui était interdit. Au dedans, personne n'a confiance dans le gouvernement, ni le peuple, ni la cour, ni lui-même. La moitié des élus ont promis, alors qu'ils n'étaient qu'éligibles, d'user de l'initiative parlementaire pour attaquer des lois réprouvées, et l'initiative parlementaire n'a enfanté que la proposition-Jobard! Où sont-ils ces énergiques tribuns qui devaient introduire la démocratie dans le parlement? Ils n'ont pas trouvé une seule parole de colère pour foudroyer la législation des habits et flétrir les Solons du travestissement! Vous dites que vous ne pouvez prendre au sérieux une discussion ridicule, Eh bien! riez, messieurs, et prenez vos ébats; mais avant de rire, convenez au moins que vous n'êtes pas les représentans du peuple; car si vous l'étiez, tout serait sérieux dans votre mandat, et rien ne serait plus sérieux que de tomber dans le ridicule.

Il est sans doute à présumer qu'avec des dispositions aussi juvéniles, la chambre saura renouveler ces recréatives scènes. Pour ma part, je lui en saurai bon gré; il n'y a pas d'argument plus puissant en faveur de la réforme électorale. Mais quand, à force de bévues officielles, les représentans du privilége auront rendu évidente pour tous la nécessité de cette réforme, gardez-vous, Timon, d'en faire honneur à l'opposition parlementaire; car ce n'est pas chez elle, mais dans la presse que sont les premiers apôtres de la réforme, auxquels viennent en aide les excès d'une majorité frappée de vertige.

www.ingramcontent.com/pod-product-compliance
Ingram Content Group UK Ltd.
Pitfield, Milton Keynes, MK11 3LW, UK
UKHW020411230726
13925UKWH00004B/1348

9 782014 057669